Ulises Ruiz

24 de agosto/2021

Para Sof:

Ulises Ruiz

Sof, gracias por tu apoyo desde que nos conocimos. Ahora, mediante el conocimiento de tus emociones actúes en total bienestar. Gracias por tu carisma y compañía durante estos días. Gracias por tu amistad, friend! Con cariño para Sof. UlisesR.

Ulises Ruiz

ANATOMÍA DEL SENTIR

Ulises Ruiz

DEPÓSITO LEGAL

© NÚMERO DE REGISTRO:

03-2021-042111144400-01

D. R. © MMXXI, Ulises Ruiz Valadez, México

© NOMBRE DEL AUTOR:
Ulises Ruiz Valadez. México, 2021

© TÍTULO DEL LIBRO:
Anatomía del sentir

@ ISBN:

9798519655460

Portada / Contraportada / Ilustraciones - Autora: Angélica Valadez

Ulises Ruiz

A las personas que aman…

Ulises Ruiz

QUERIDO LECTOR:

Primero que nada, te envío un abrazo hasta donde quiera que estés. Agradecerte por tener la ambición, la iniciativa y apertura ante mis locuras. Logrando un constante crecimiento físico y emocional en nosotros mismos reflejándose en nuestro impacto en otros y en nuestras acciones cotidianas.

Los siguientes textos son una mezcla de pesares y sentimientos que cada extremidad de nuestro cuerpo nos transmite. Conjunto de ilusiones, aprendizajes y olvidos. Apreciando el más mínimo detalle de nuestro cuerpo imperfecto, que lo hace ser perfecto.

"Anatomía del sentir" es la descripción poética de 15 partes de nuestro físico. Con el propósito de crear una mayor consciencia; impulsando la autoestima que lleva al merecer un cuidado físico y emocional de

nosotros mismos, consiguiendo un crecimiento exponencial en todos los ámbitos de nuestra vida.

Porque si la vida es circunstancia es para que nosotros seamos causa, aunque no conozcamos el efecto. Para ser todo eso que preferimos... Aunque nos de miedo creerlo.

"Miro mis pies.
Me sacrifico al cuestionar
su dirección.
Rodillas,
las que más han sufrido,
pero con fortuna las que menos
se tardan en curar.
Las que han sobrevivido
a las caídas sin sentido
desde pequeño.
La cadera a flote en un mar de lágrimas;
es el salvavidas indeciso por no saber
si hacerle caso a la cabeza,
a los pies o al corazón.
El ombligo,
el centro de mi universo
donde la fuerza gravitacional actúa
y en los días de insomnio,
el estómago es el que se sacrifica
para que no duela esa comida
de la noche anterior.

Costillas,
las hermanas llenas de heridas.
La piel de cocodrilo que cuida al corazón
de cualquier azote
manteniéndolo intacto.
Pulmones,
los que dan vida a este vehículo.
Los que se mueven respirando
por debajo del agua
sin ahogarse.
Los que conducen hacia la incertidumbre
y hacia la nostalgia.
El corazón,
el intacto desde la última vez que me enamoré
y le dicen por ahí
"El cicatrices infinitas"
Los hombros,
los más fuertes que cargan todo el peso
que no he sabido soltar.
Las manos,
las guardianas que cuidan
de cualquier caída a las rodillas.

Esas manos raspadas,
las autoras de huracanes y tornados;
teniendo a su vez ese tiempo de calma
y de sentir todo eso que la mente
y el corazón no han podido.
Los ojos,
las corazas que se estancan
entre la realidad
y la imaginación.
Los que tienen la incapacidad
de observar con claridad
sentimientos a su alrededor
sin importar su cercanía.

Conjunto de ilusiones,
aprendizajes y olvidos.
El cuerpo,
detalles tan imperfectos como estos...
Lo hacen perfecto"

ÍNDICE

PRÓLOGO

Pocas veces nos preguntamos, qué piensa y qué siente cada parte de nuestra anatomía. Necesitamos saberlo, no sólo para encontrar la cura físicamente. Necesitamos saber su sentir, su dolor, su lenguaje, sus miedos y alegría. Ulises descifró el código de comunicación y nos lo presenta muy a su manera.

Hoy los elementos anatómicos del cuerpo son la inspiración del nobel autor. Resulta fascinante cómo el autor entiende la relación de la anatomía y la poesía para ofrecernos una extraordinaria recopilación de poemas y cuentos que nos ilustran el sentir de esta obra divina de la creación.

Con "Anatomía del sentir" Ulises nos deja claro que para la poesía no hay límites, y lo que es mejor, que no hay tema prohibido. Los expertos en medicina nos han dicho que es importante aprender a leer las señales que el cuerpo envía para entenderlo. Ulises va más allá mediante una descripción poética, nos ofrece el sentir y las expresiones de las partes más expuestas del cuerpo para crear conciencia del cuidado que nos exigen.

Conozco al autor desde que su madre lo acogió en el vientre, cuando su anatomía comenzó a tomar forma para dar vida a un fuera de serie. Para nuestra buena suerte Ulises nace inspirado, crece motivado y escribe con el corazón.

Sé de sus horas en el auto confinamiento, sustraído del ruido y las tentaciones de los de su edad. Cobijado por la noche, con la luna como cómplice y motivado por las más profundas señales de su joven, pero virtuosa anatomía.

Nuestra mágica y palpitante anatomía, cobra inusitada vida en este libro, así es Ulises, mágico y relevante en su narrativa. Con cuentos y poemas Ulises nos muestra los secretos, las verdades y el dolor de 15 partes de nuestro cuerpo.

Nos muestra lo nunca antes dicho por las manos, las rodillas, la cadera y hasta el ombligo. Ulises nos hará escuchar de la manera más sutil el sentir de nuestra anatomía.

Hay que leerlo.

Paco Elizondo
Agosto 2020

VACÍO Y AMOR

Me he preguntado a lo largo de este tiempo cuánto dolor puedo aguantar. Cuándo me voy a romper, cuándo me voy ahogar en el espejo viéndome en pedazos.

El miedo inunda mis venas de lágrimas y melancolía. Me he alejado, mis huesos se encuentran exhaustos y se rompen de tan solo tocarlos. He escalado barreras y el sonido de mis pisadas es lo único que llevo conmigo. Soy vulnerable a los corazones sin rumbo. Construyo burbujas que solo se pueden romper desde adentro. Me vuelco en mis mañanas, floto en el vacío y perduro en el olvido. Aterrizo forzoso y torpe. Me ahorco con la cuerda de mi incongruencia y ato mis pies al corazón y al alma de ella; un equilibrista caminando en la cuerda floja. Se que es verano, pero siempre he florecido en otoño. Promesas que no se hacen para ser cumplidas, sino para no lastimar. Sacrificios sin ser sacrificios, porque no son dolor, son entrega y amor. Es chuparse los dedos y subir los codos a la mesa cuando nadie te ve. Es el juego sucio temido por muchos: Ganar y dar nada, perder y dar todo o de dar todo y esperar nada.

Nuevos comienzos reviviendo en vida, tendiendo a mi muerte. Me veo en un microscopio que me cuida y me protege y en un telescopio para que no olvide hacia dónde voy. Y ahora antes de dormir, sin miedo, cuando vuelva a verme en el espejo encuentre al amor de mi vida. Alargando el tiempo y queriéndome como solo yo puedo quererme.

MIEDOS ENCARNADOS

(Cuento)

En la primaria le habían dejado como actividad dibujarse a sí mismo en 20 años... Entrega el trabajo y la maestra observa en la hoja de papel un barco varado en medio del océano.

— ¿Por qué has dibujado un barco? ¿Quisieras ser capitán?

— No — contestó el niño con una mirada cabizbaja y llorosa.

— Entonces ¿Por qué dibujaste esto? — contestó la maestra con extraño.

— Es que no sé lo que quiero hacer cuando sea grande y dibujé un barco en medio del mar porque estoy perdido, pero quiero ser feliz. — contestó con una voz cortada y llena de pudor. Se le salen las lágrimas.

— Pues que mal, a tu edad todos tus compañeros ya tienen una idea de lo que quieren hacer de grandes y tienes que trabajar en algo. Tienes la mitad de calificación en tu tarea. — el niño da media vuelta y se sienta en el rincón del salón y comienza a llorar.

Suena el timbre. Llega la hora de salida, sus compañeros comentaban y se cuestionaban entre ellos qué habían dibujado en clase de español. Unos dijeron que astronautas, cantantes, otros pilotos de avión...

Le tocaba decir lo que había dibujado y al comentar que dibujó un barco en medio del mar para ser feliz todos se burlaron. Por suerte, en ese momento llagan por él.

— ¿Por qué lloras? — preguntó el abuelo.
— Porque en la escuela se burlaron de mí.
— ¿Qué hiciste hijito? — se lamenta la abuela.
— La maestra dijo que nos dibujáramos en 20 años...

— ¿Y qué dibujaste? — grita la abuela. El abuelo se toca la frente esperando lo peor.

— Un barco en medio del mar porque me siento perdido. Le dije a mi maestra que también quería ser feliz y en la salida mis amigos me preguntaron y les contesté lo mismo. Todos se burlaron. — el abuelo sonrió.

— ¡Uf! Es la mejor respuesta que he escuchado en años. — exclamó.

— Pero, a la maestra no le gustó y me dijo que tengo que trabajar en algo, pero yo no sé qué quiero. — abundó el silencio. Llegaron a casa, deja la mochila a lado del sofá y se sienta tapándose los ojos con sus manos. El abuelo se percata de ello y se sienta junto a él. Lo abraza.

— Mira hijito, veme a los ojos. Todos pasamos por esto en algún momento de nuestras vidas. Nos perdemos para encontrarnos. Haz dibujado lo mejor que pudiste haber hecho... Estoy orgulloso de ti. Si te sientes perdido recuerda que en la villa hace decenas de días que no llueve. Tú mismo puedes ver cómo la tierra se parte y el sol se empodera. Tú llora, no importa. Los ojos sin lágrimas también alargan la sequía desde aquella noche que ya no sienten. Algunas personas ya no caminan porque les quitaron su sueño y el sudor que ves que se seca en sus cuellos, es dolor. El viento ha desaparecido a las nubes y la marea ha hace lo suyo; borra sueños cuando se burlan de otros... ¿Te acuerdas cuando fuimos a la playa, felices, escribimos nuestros nombres sobre la arena, regresamos en la mañana siguiente y no se borraron?

Deben arder nuestros pies de tanto pisar camino sin rumbo sobre la arena hijo mío. Tú lo has visto, las mejores escenas de las películas son cuando hay tristeza y a pesar de eso terminan con finales felices. ¿Qué hermoso no crees? El lugar donde se sitúan nuestros miedos es donde germinamos para tocar el cielo. Esa es la paradoja de la vida hijo mío.

— Okey abuelo ¿Entonces no me tengo que preocupar por lo que voy a ser de grande? — inmediatamente nace una sonrisa en su cara.

— Por el momento no hijo. Lo que importa es el presente, haz lo que te guste en este momento y disfrútalo. — su nieto, desesperado corre a su cuarto. Agarra un pincel, le roba las pinturas a la abuela y comienza a pincelar combinando colores... Dándole forma a lo abstracto sobre un cuadro que había dejado en blanco.

ARTE EN CICATRICES

(Cuento)

Cayó en la trampa. Todas las manos soñaban con desvestirla, labios se juntaban condenándola a noches de pasión.

Atraía miradas, pero pocos corazones. Era subastada sin saber que estaba en venta. Le mintieron mucho. La engañaban siempre. Le dibujaron cielos en los que nunca pudo volar. Carecía de oxígeno, temblaba cuando nadie llamaba. Se estremecía dentro su habitación. La cama era huésped. Afónica de tanto gritar. Tenía sus hombros atados a su última despedida. Se rehusaba a su último recuerdo. Cenaba cigarrillos. En ayunas tomaba café y al caminar las lágrimas le acariciaban el cuello. Lloraba entre la multitud sin pedir ayuda. Le aterraba descubrirse sola en compañía. Solitaria y astuta. Su amor no era la calma, era la tormenta. Se desarmaba por la vida dejando pedazos de su alma en el suelo.

Tan bella que era usada, una revista presumiendo su portada y no su contenido. Admiraban su cuerpo y la mostraban de trofeo. Les era más fácil comprarla por su apariencia, que conocerla. Pocos se preocupaban por ella, ignoraban sus pasiones y temores. Mientras que en su interior crecían dudas si ella en verdad era nada más una linda fachada. Dudaba al verse en el espejo, le temía al paso del tiempo y a quedarse sola. Era consciente de que algún día su belleza se extinguiría.

Creció rodeada de lobos, en soledad. Las décadas fueron cobrando vida y su belleza física se esfumaba lentamente. Su pelo blanco era sinónimo de batallas internas.

Había muerto en vida. En soledad, su alma se conservaba intacta, profundidades sin ser exploradas.

Se daba cuenta que nada importaba más que ella. Le llamaba su destino y lograba evocar sentimientos que le apretaban el pecho, le congelaban su alma hasta cerrar su garganta. Las arrugas en su rostro cobraban vida mediante melodías, esas que alguna vez fueron tristezas a lo largo de su vida.

Le quedaba tan poco, que con tan poco le bastaba. Partituras sobre el piano de su padre. Notas sonaron y pájaros callaron. Las vibraciones alcanzaron su mente; su corazón buscó en el baúl de memorias que estaban por morir. Renace encontrando un recuerdo en su vientre que estalla en todo el cuerpo. Le llamaban "loca" cuando el mundo entero era esquizofrénico. Una cicatriz, una nueva vida que surgió de aquella época y la tradujo en arte.

Que toquen tu mente
y besen tu alma.
No caigas en la trampa.

LA FALSA IDEA

(Cuento)

Les pegaba la llovizna en la cara. Sentados en el balcón, tomaban café y se contestaban con muecas y cabezas cabizbajas.

— Me gustaría tener una noche llena de amor — dijo él mirando a la cama.
— ¿Alguna vez has escuchado hablar sobre el amor?— preguntó ella.
— Sí, solo que nunca lo he sentido, pero me gustaría experimentarlo. Creía en él cuando era pequeño, cuando escuchaba los cuentos que me contaba mi madre. Cuando los príncipes azules conocían a las princesas y vivían la vida sin preocupaciones. He perdido la ilusión, ya no creo, siempre he sido el

grano de azúcar morena y la borrega negra —
contestó él con una voz temblorosa.

— En mi fiesta de 5 también me vestí de princesa,
soñaba con vivir en un castillo acompañada de un
príncipe. Tal vez no suceda, pero sí creo en el amor.

— ¿Y tienes algún amante o por qué no perdiste la
ilusión? — preguntó él con miedo, arriesgando
mirándola a los ojos; existió el silencio.

— Cuando era pequeña murió mi padre, siempre me
dejaba en la escuela antes de irse a su trabajo y
cuando no tenía clases, siempre lo acompañaba. Lo
hacía sonreír cuando le mostraba mis pinturas con mi
cara repleta de colores. Se carcajeaba cuando
manchaba sus documentos, no le importaba,
escuchaba música y los volvía a hacer. Ahora, eso lo
admiro tanto que no lo extraño, porque nunca lo
olvido. Fue su capacidad de empatizar y amar,
aunque no le incluya, de darle valor a los pequeños
detalles. Ahí fue cuando me di cuenta el amor no solo
es de parejas, sino entre humanos — dijo ella con ojos
llorosos, se le derrama una lágrima y sorbe el café.

Él no supo qué contestar y por primera vez en sus vidas se quitaron las máscaras y no la ropa.

INSTANTES REMOTOS

(Cuento)

Zermatt, Suiza. Sonaba la alarma de las 6. La mañana más fría del inverno. La Luna se despedía entre los Alpes. Luz tenue traspasaba las cortinas de la habitación tocándole su espalda. Mujer de 25, poeta y modesta. Despierta con lagañas en sus ojos y apaga el despertador. Cruza sus piernas, medita.

El tren que va a Zúrich parte a las 8. Se ducha, se viste. Se pone sus botas favoritas y su chamarra más gruesa. Deja el hotel y camina hacia la estación del tren. En su caminar pisa profundo. Prefiere dejar huellas a que su presencia pase en vano. Le fascina el susurro cuando pisa la nieve, 20 minutos arrastrando maletas por los callejones alumbrados de Zermatt.

Llega a la estación del tren, media hora para partir. Se sienta en la sala de espera, se pone audífonos y de su maleta pequeña saca un buen libro.

Cinco para las 8, escucha la llamada del tren a Zúrich. Llama a sus padres, hora de abordar. Sube al tren, se sienta.

Hombre de 36, artista y pintor, abrigo y zapatos café. Le toca el asiento número 32, frente a ella.

— ¡Hola buen día, Peter mucho gusto!
— ¡Buenos días, Celine! — amablemente con una sonrisa contesta ella.

Siguió leyendo en el capítulo donde se quedó. Comienza el viaje. El, la observaba leer de reojo. A primera vista, revivía las mariposas en su estómago y en su cabeza, comenzaban alucinaciones con mil dramas.

— Disculpe la molestia y el interés ¿Qué generó es libro que usted lee? — arriesga, preguntando sin avergonzarse.

— Es una novela romántica, se trata de dos artistas enamorados. El hombre es pintor y la mujer poeta.

— ¡Qué interesante! Yo pinto desde los 9 años. Ahora, voy a presentar mi primera galería en el Teatro 11 de Zúrich.

— ¡Increíble! Yo soy poeta — suelta una risa genuina.

— ¿En verdad? ¿Al igual que la novela? — los dos, simultáneamente, conectan por primera vez.

— Pediré un café ¿Gustaría acompañarme con uno? — pregunta él.

— Se lo agradezco, por el momento estoy bien, gracias. Se avecinan los primeros rayos del sol. Cierra su libro, como de costumbre disfruta del amanecer. Montañas vestidas de blanco se vuelven rojizas. Observa el paisaje.

— Celine ¿Alguna vez se ha preguntado, por qué existen personas que no logran ver la belleza de un amanecer? — pregunta él.

— Creo que la vida se va desapercibida cuando vivimos en cajas. Se nos olvida nuestro niño interno, esa etapa donde admirábamos todo, cuando el mundo estaba a nuestros pies y soñábamos en grande.

Se quedan mudos y quietos, observan los colores del amanecer. Se conocen en el silencio de compartir el presente, de lunar en lunar y de peca en peca. Después de un rato, se miran a los ojos. Su piel se eriza y vuelven a ver el paisaje.

— ¿Cuál sería su pareja ideal? — preguntó él, preparado a que le contestara lo peor.
— Me pregunté eso de pequeña, ahora no le he dado mucha importancia. Ahora, la soledad es un gran regalo, pero conforme a una relación: Que fuese él mismo, sin máscaras y sin aparentar. Disruptivo y arriesgado. Que me enfrente y sumados seamos una bomba de arte y magia. Un hombre que no me posea, ni yo a él. Que no dependamos uno del otro. Que surja una seguridad mutua y que no existan los celos. Que amemos nuestras sombras y la libertad, sin pedir

permisos. Que no me necesite, ni yo a él. Que se acepte por completo. Que no seamos medias naranjas, sino una completa cada quien y hagamos naranjada. Que podemos bromear de lo que sea y también hablar serio cuando se requiera. — respondió con total vulnerabilidad y apertura…

Tres horas de viaje, las mejores tres para enamorarse. Entre más se acercaba la hora de llegada, más conectaban.
— Iré al baño de inmediato, nos vemos en un instante — dijo ella.

El tren a minutos de la estación de Zúrich. Celine, va al baño justo antes de bajar. Peter toma una servilleta, saca una pluma de su portafolio y escribe. Llega la hora de evacuar. Ella en el baño, mientras él deja la servilleta en la mesa y desaloja el tren. Celine, desconcertada al regresar ve vacío el espacio donde se encontraba sentado Peter. Al instante, observa letras en una servilleta al filo de la mesa. Angustiada, de inmediato lee.

"Fue un placer conocerla, me enamoré desde que la vi sentada en la sala de espera. Increíble la mujer que es usted. He sentido una atracción mutua entre nosotros, pero merece algo mucho mejor que yo. Y yo, no merezco una mujer como usted. Gracias por esto Celine"

Se le derrama una lágrima de su ojo izquierdo.

EL JUEGO DEL SENTIR

Huellas incrustadas
asoladas en el misterio
de encontrar palabras
y nubes entre miradas.

El pasado pinta surcos
sobre grietas para recordar,
olvidando el crear.

Incrustado en el alma
y en la agonía
de un presente que se esfuma
en caída libre.
El viento pega,
traduciendo
lo que te rodea en amor.

La capacidad de admirar
ha estado en luto por años.
La vida siempre
ha sido bella,
solo que hemos estado ahogados
en el arrepentimiento
del querer.

Estancados aferrándonos
al corazón como salvavidas
y al cerebro como timón.
Remolinos de recuerdos
con asilos de por vida.
Callejones vacíos,
sin vida,
sin esperanza de poder confiar
en la plenitud del momento.
Quemarnos en cada sueño,
en las noches sin Luna
con la locura de un gran acuerdo.
Que vivir solo para sobrevivir
no es vida.

Que disfrutar el proceso
es lo único que importa.
Que el amor nunca se va,
aunque haya un adiós
de por medio.

A que si falta
una letra en el crucigrama
no la llenemos de olvidos,
sino de cicatrices
redefiniendo recuerdos.
A que la piel no olvida
y que las costras no se arrancan
hasta que sanan.
A observar cuándo
ocultar el sol
y soplarles a las nubes
para ver nuestras estrellas.
A cuestionar si donde hubo desastre,
se puede remediar
con un cambio de creencia.

Añoramos futuros,
los cuales en el presente
no hemos aprendido
a bailar a nuestro ritmo,
a nuestra risa.

El cuerpo enciende
ilusiones rotas
y caricias perdidas
en el mar del olvido.

Escarbar hacia adentro
decidiendo nuestro punto de quiebre,
donde las mariposas monarca migran
para saber si todavía quedan latidos.

Nos damos miedo,
porque nuestros huesos
estaban demasiado exhaustos,
como para sentirnos.

El sentir es estar debajo de un huracán. El estar contigo mismo, aunque el viento te destroce por completo. El aparecer en las tormentas cuando la lluvia pegue en la cara. Apreciar la creciente marea ignorando a todos los guardianes, los policías de costa, los que nos llaman a gritos "Resguárdense..." Y que nosotros varados en la arena con los brazos abiertos no les contestemos... Simplemente aceptemos todo el caos sin evadirnos.

Es un arma de doble filo, puedes caer al barranco y aferrarte a un pasado sin disfrutar el proceso. Puedes alcanzar el suelo del pozo sin obtener agua y olvidar vivir. La terquedad de intentar ver lo que no podemos ver; confiar en que es agua a lo lejos en la carretera, en medio del desierto. El norte era tan claro que se esfuma, la meta se vuelve difusa, entra el miedo y nos hundimos en dudas.

Es presencia, es amarte pase lo que pase afuera. Es una caída libre y el paracaídas que nos han jurado es una mentira, porque algún día nos tocará a cualquiera tocar suelo y morir. Ganar el juego o perderlo es igual. Solamente que la razón de los que lo ganan, es que cuando mueren permanecen en recuerdos y momentos en corazones de otros. Y eso tal vez sea amor: Ser eterno en un recuerdo.

Soltar, un arte del sentir, un juego en disputa. Incertidumbre entre sentidos opuestos y una paradoja que se desliza en el tobogán de la vida, dejando que todo se desenvuelva estando dispuestos a perder el control, para ganarlo.

Algunos no sabrán la energía que puede estallar dentro de ti. Donde unos ven pintura, tu ves el amor bailando en un lienzo. Donde unos ven letras, tu ves como la piel se te eriza al momento de leerlas. Nunca entenderán esos corazones fríos. Ignoran la forma en la que te tiemblan las manos con cada despedida; no se diga cuando tienes la valentía de abrir el baúl de los recuerdos repleto de cartas viejas, enfrentándote contra un ejército de "adioses" haciendo alianza con los "hubiera". El dolor de cabeza nunca se había parecido tanto a un dolor de pecho. Las cartas leídas y lágrimas perdidas. La angustia en el borde del cuello cuando sientes impotencia. La lágrima que se seca en los labios provocados por una sonrisa, es producto de la inspiración provocada con amor la que nos hace ser. Y es que "ser" y "sentir" comienzan igual, pero terminan diferente. Tal vez porque somos desde el sentir y terminamos siendo testigos construyendo una historia formidable.

La mayoría no entenderá y está bien. La gran parte evade el afrontar emociones, es el pavor el que los rige. Pocos podrán comprender la pasión, las ganas de encerrarse para escaparse a resolver su propio desastre.

Sentir es caminar en soledad
para congelar un presente
de un futuro que miente
con unos ojos
anhelando compañía.

Ser hielo y ser fuego.
Aparecer cuando
la casa entera se agrieta
y cuando nuestro reflejo
duele por dentro.

Es ser ahí,
aunque seamos caos.

ANATOMÍA POÉTICA

PIES

Los pies.
Piezas delirantes
del rompecabezas.
Son el cincel de la escultura
y el pincel se la pintura.
Desconfían
de los que se casan
y creen que su amor
va a ser eterno.
Automóviles de lujo
de las rodillas.
Son viajeros
y viven en la Luna.

Dispersos y opuestos.
Son mezcla amarga
de lo alguna vez pisamos.
Son duelo de orgullo,
fingen estar ocupados
cuando por dentro tiemblan.
Caminos inciertos
y rutas dispersas.
Indecisos,
decidir entre
seguir el sendero
o construirlo.
Carecen de sutileza.
Mucha huella,
poco fondo.
Son pusilánimes.
construyen líneas rectas,
caminan temblando
con nudos en la garganta
y con tobillos
cubiertos de nostalgia.

Tratan el estrés
disfrazando miedos
en pretextos.
Se dedican al trayecto
y no al destino.
Dan pasos con pavor,
uno tras otro.
Los escuchan gritar
pidiendo ayuda...
Pero, todos los ignoran.
Se quedan sin mundo
y cargan monstruos.
Se ponen borrachos
y se quedan tirados.

Confundidos cruzan puentes
de país a país,
de frontera en frontera.
Se trasladan
de lunar en lunar,
de lugar en lugar
buscando una dirección.

Es como si vieran que el Sol
se va escondiendo en el horizonte
y las puertas del atardecer
se cierran poco a poco
corriendo tras ellas,
para lograr traspasar
y sobrevivir a la noche.

No les gustan los rincones
ni las esquinas.
Prefieren las luces
en los senderos.
Rozan el agua de mar,
tocan la arena
y es como si del cielo
les cayeran los granos
que lloran por tener asilo,
por encontrar una playa
que les tire oleaje constante
e intenten evadir
todo el dolor que sienten
con tan solo pensar:

Que no les alcanza
con el reconocer
sus huellas
que se borran
con mentiras.
Nada es perfecto
y si lo fuera...
Los deseos siempre
se cumplirían.
Los caminos estarían
llenos de flores
y el Sol siempre saldría
cuando abriéramos los ojos.

Son estrellas del alma.
Son el baúl de los recuerdos.
Exploran razones por las que corren
y si el corazón explota
van recogiendo
todas las piezas del suelo.

Para que ahora cuando
la mente y el corazón
estén incompletos
y exijan asilo...
Ahí estén las piezas,
las faltantes en el baúl
para completar nuestra alma.

Como si fuera un cuento de hadas.
Un acto de magia...
El estar siempre completos.

MANOS

Las manos,
las dueñas
de la segunda memoria.
Las guardianas,
las autoras
de huracanes y tornados
ante cualquier caída;
teniendo a su vez
ese tiempo de calma
y de sentir todo eso
que la mente y el corazón,
no han podido.

Las que tienen la costumbre
de saludarse de lejos
y abrazarse de cerca.

El par que guarda ansiedad
en sus venas
y veneno en sus arterias.
Las que rascan
y quitan costras sin propósito,
pero también las que cuidan
a las rodillas de cualquier desplome.

Las que se mantienen
en la inopia,
desconociendo si su función
es ahogarnos
en nuestra piscina
o animarnos a salir
de nuestra propia desgracia.

Las colmadas de raspones
que se enfrentan
al mañana
y a un cuerpo sin alma.
Las que se quedan afónicas
de tanto gritar

y las que se delatan en un sueño exhausto
de tanto pensar en un mismo lugar.

Nacieron intactas y dependientes
sosteniendo otras,
pero si nos descuidamos
llega el punto
donde ya no nos pertenecen,
donde ya no nos sostienen;
por consecuencia
se vuelvan unas hipócritas
abriendo puertas
y cerrándolas al mismo tiempo
manifestándose
en nuestra contra.

Algunos se atan a sus dedos
malbaratando su valor
sin hacer ningún ruido,
buscando una dirección
abriendo caminos
y también nuevas heridas.

Las quemaduras
que han sufrido en su piel
son por desgaste
que no hemos sabido aguantar.
Las arrugas
son rastro del derroche,
un sacrificio
para que nuestros huesos
se mantengan intactos.

Con su ironía
han cautivado al mundo
en muertes y ataques.
Pero también,
han causado
los más bellos momentos
y lo han impresionado
con la ligereza
como instrumento de creación,
produciendo
cualquier tipo de arte.

Las responsables
de que se haya caído
la maleta llena de recuerdos,
rompiéndose con sueños,
añorando metas
y arrepintiéndose
de todos los "hubiera"

Son el pavor de soltar
nuestro vaso de agua
en medio del desierto.
Son el anhelo de aferrarse
a otras manos y a un corazón
que las mantienen con vida,
en las noches sin Luna
y sin compañía.

Su mejor cualidad
es que no tienen voz,
porque hablan con sus actos.
Son que las sujetan
y levantan a los seres caídos;

curiosamente
cuando se les pide ayuda...
Actúan y salvan vidas
en accidentes,
terremotos y tsunamis.

Y al final de todo son oportunistas,
porque al llamarlas
en cualquier esquina
están ahí cuando sufrimos
de una caída.

RODILLAS

Las rodillas.
Las que más han sufrido,
pero con fortuna las que menos
se tardan en curar.
Repletas de cicatrices
y no de costras
como las miles situadas
en un músculo desgarrado
justo a un lado
del pulmón izquierdo.

Las rótulas
que han sobrevivido
a las caídas sin sentido
desde pequeño.
Las guerreras de la infancia.

Las indispensables
de los momentos de recreo
y las responsables
de los dolores en la vejez.
Cualquier instante vivido
vale la pena el dolor sufrido.

Sostienen lo ajeno.
Las conductoras de los pies
y de las tormentas
que hemos sufrido.

Esconden su fuego,
pertenecen al grupo
que tiene cicatrices
en su superficie.
Se raspan y sanan,
viejas rutinas
y acogedoras de cráteres
haciendo que se conviertan
en planetas habitables.

Muchos las llaman rebeldes
y que se oponen al querer,
son todo lo contrario:
Tienen una relación
de amor odio entre ellas;
su coraje es un diseño perfecto,
se sitúan en un par de vitrinas
que no conocen sus nubes.
Tienen la libertad de amar
y lo hacen sin poseer.
No buscan el amor
solo lo sienten.

Tienen en cuenta
que el dinero
y el matrimonio
son un par de cosas más
del ego.
Dan lo que tienen
y cuando no,
se desgastan
y duelen.

Se mueren
adornando caminos
y alumbrando deseos,
aferrándose a lo que
les da miedo perder:
El pequeño
espacio
entre el anhelo
que ha expirado
y el verdadero dolor.

Al final de su día,
cuando las estrellas
citan al horizonte
se dan cuenta,
que cuesta más
la incertidumbre de su muerte
y buscar lo perdido.

Han aprendido a soltar
y a evitar el dolor
con férulas.

Así sanan la relación
con esguinces y
con roturas
de ligamentos cruzados.
Han entendido desde pequeñas
que el amor está en su interior
y no en el exterior.
Por eso están juntas,
no existe
la codependencia
pudiendo dormir
en una misma cama
refugiadas en sus templos,
los cartílagos.

Son repuestos.
Son culpables de que
no exista circulación hacia
los dedos de los pies
que se congelan
en el pico de una montaña.

Perciben el mundo a sus pies,
conquistan la punta
y resisten los vientos
de 4 puntos cardinales.

Sostienen el frío
de aquel amor petrificado,
que jamás sobrevivió
a la falta de oxígeno
por la altura del corazón.
Eso les hace fuertes;
persisten a cualquier inconveniencia,
a toda caída,
a toda roca,
a toda tormenta
y a toda costa...
Porque vuelan partiendo
desde la falda de la montaña.

CADERA

La cadera a flote
en un mar de lágrimas.
Sostiene medio cuerpo.

Es la incongruencia
de la falsedad
y el bienestar.
El chiste que contó cupido,
que no escuchó el destino.
El salvavidas indeciso
si hacerle caso
a la cabeza,
a los pies
o al corazón.

La dueña de lo superficial.

Se sienta en lugares cómodos
y le cuesta salir
de su zona de confort.
Le gusta ser el centro
de atención.
Le encanta
ir a plazas y antros,
porque todos la ven.

Es lo atractivo para unos
y el segundo plano
para otros.

Le gusta ser admirada
e impresionar al mundo
aunque rija su falsedad
detrás.

Sabe las consecuencias
que causa
y las causas
de las consecuencias,

le vale lo que ocasione.

Tiene un ego
y es tan grande
que su único propósito
es pertenecer,
derretir bocas
y atraer miradas.
Siempre ha creído
en ella misma,
aunque no la cataloguen
como parte del amor.

OMBLIGO

El ombligo.
Es belleza,
fuente de vida.
La cicatriz que nace
de un puente
que conecta latidos
y manda nutrientes.

Es el centro
de nuestro universo
donde la fuerza gravitacional actúa.
Esconde una verdad dolosa
y talla nombres
en el tronco de los árboles.
Prefiere estrellas fugaces
que cielos nublados.
Las estrellas flotan
a su alrededor

y cuando una estallan,
le duele saber
que ni la más brillante
es para siempre
y que todo es incierto.

En los días de insomnio,
cuando la esperanza
de un reencuentro
y las prioridades
no cuadran,
le echa la culpa
al estómago,
que se sacrifica
para que no duela
esa comida
del día anterior.

Escombros disfrazados de miedo.
La cicatriz de partir desde cero,
un misterio por resolver,
el querer entender todo y saber nada.

El eterno balance interno
y desbalance externo nos hace flotar
en nuestro cuerpo.

Es estética.
Una nube
en el atardecer.
Un retrato
cada 14 de febrero.

ESTÓMAGO

Es sutileza.
Al comenzar el día
cuando todos duermen
siempre se levanta
con el anhelo
de que le llegue un café,
y al final
un chocolate caliente.

No soporta el exceso
ni la escasez.
Susurra sentimientos
que lleva dentro
dibujando silencios
y redactando historias
que no son ciertas.

Huye del tiempo
y demuestra amor
triturando planes a futuro.
Se aferra a la guerra
de las comidas callejeras
y a las memorias
que brotan miradas.
Rompe tejidos,
recorre momentos
y quema recuerdos.

Ha aprendido
a destrozar manijas,
entiende que cuando
un par de puertas se cierran
siempre le será posible
el abrirlas.
Cree que existe
un calibre de emociones,
pero también
candados que ahuyentan.

Ahí dentro
tiene un cementerio.
Han muerto todas
las mariposas
que alguna vez sentimos.
Es esa mezcla
amarga y colorida
de todos los corazones muertos
que no hemos podido
resucitar.

HOMBROS

Los hombros.
Sinónimo de resistencia,
cargan con todo el peso
que no hemos sabido soltar.

La carga interminable;
descansan en asientos
que no se reclinan.
No caben en los pies del mundo.
Armas que se aguantan
las ganas de llorar,
hasta que se desbordan
cuando sudamos su rencor.

Son el descanso de muchos
después de un día riguroso.

Mantienen viva la esperanza
de encontrar
unos de ellos,
solamente
para apoyar la cabeza
cuando todo se complica.

Saber que son refugio,
alas y protección.
Les aterra la inmovilidad,
aprecian volar
y se alzan al cielo.

Miles de intentos al día
por sostenernos de pie
y caos al incomodarnos
por la noche.
Avanzan sin chocar,
aún y cuando liberan
a sus presos,
los brazos.

Son estéticos.
Les gustan los colores
que pintan otros mundos.
Les importa más
dar sentido y forma al camino,
que describirse así mismos.

Llegan a viejos
con color propio y con pecas;
cicatrices reflejadas
desde el espacio,
constelaciones y estrellas
que murieron hace tiempo,
pero su luz sigue alumbrando
el callejón sin salida.

Son artistas.
Son la rima del poema.
Se cuelan por rendijas
y algunos de ellos
les cuelga una cámara,
porque les encanta

capturar momentos especiales
y de belleza donde otros
ven lo habitual,
lo soez.

Son de mármol.
Caminamos entre
sus rocas calizas.
Se cotizan a la alta
permaneciendo
gruesos y poco rotos.
Son lo opuesto al frío,
cristalizándose
en elevadas temperaturas
y en altas presiones.

Les encantan las aventuras,
el clímax de la película
y el último capítulo de las series.
Su trabajo es blindarse
de los dolores de espalda.
Es rozarse con abrazos

y que salgan chispas
desatándose en caricias
y ardor de huesos.

Son héroes.
Se vulnerabilizan y brillan
donde otros se encierran
y se esconden.
Llevan puesta la capa
buscando sobrevivientes
debajo de avalanchas
durante todo este tiempo de ocio,
bajo montañas
de basura y escombros...
Que no hemos sabido reciclar.

OJOS

Todo depende de quién mire
y desde dónde;
que la distancia engaña
y que el amor se siente
como garabatos hechos por un niño
en las paredes del mundo.

Los ojos,
las corazas que se estancan
entre la realidad
y la imaginación.
Los vasos llenos
que se desbordan de libertad,
mientras que en el corazón
existe una revolución
que muere por estallar.

Los miopes,
los astigmatismos,
los hipermétropos;
los que tienen
la incapacidad
de observar con claridad
sentimientos a su alrededor
sin importar
su cercanía.

De apodo,
en las avenidas del centro
de la ciudad les llaman:
"La puerta del alma"
Pero si los ojos en realidad fueran
una puerta al alma;
no importaría su color,
su forma,
ni el tamaño de las pestañas
que les rodean...
Sino su ser.

El Sol viviría de noche
y la Luna de día.

Los mares
seguirían estando repletos de sal
por las lágrimas derramadas
de los familiares de cada enfermo
aferrándose a su última despedida.
Veríamos con los ojos cerrados
más maravillas de las que existen.
Los humanos seríamos inmunes
y nos entregaríamos a otros
estando preparados,
sin obstinarse a un pasado
y a un futuro incierto.
Conociendo el daño que haríamos
si nos compartiéramos
estando en pedazos.

Aunque cupiésemos en pupilas dilatadas,
viéramos lo que es
y no lo que queremos que sea.

Nos daríamos cuenta
antes de querer una ilusión
que es irreal y tosca.
No utilizaríamos máscaras
antes de Halloween.
No actuaríamos desde el querer,
sino desde el merecer;
de merecerlo todo desde el amor.
No confundiríamos
libertad con libertinaje,
no hiciéramos lo que quisiéramos
ni tampoco a la hora
que quisiéramos,
sino decidiríamos
y pusiéramos límites
desde una profunda consciencia
visualizando y añorando
un futuro que prefiriéramos.

No se hincharían
tras las explosiones mentales
en una larga noche de insomnio.

No mezclaríamos
unos ojos húmedos
después de un bostezo
con unos en pleno llanto.

No seríamos
quienes otros quieren
que seamos,
sino fuéramos nosotros mismos
los que decidamos.

A pesar de todo el caos
hasta los huracanes
tienen el descaro de presumir
su propio ojo;
es el centro de tranquilidad
de las tormentas,
paz y cielos despejados.
Y es que algunas veces
los ojos sí son "La puerta del alma"
Pues los amores eternos...
Surgen de un roce entre miradas.

NARIZ

La que huele amores
imperfectos
y se derrite
ante olores perfectos.

Se expresa siendo débil,
observa su individualidad
con lástima cuando suspira.

Se da por vencida
cuando su soledad
ya no puede más
y camina hacia
la playa desierta
donde solo huele
amores desde su lejanía.

Se sienta en la arena
y ve el cielo,
pero nunca
posibilidades
de un buen recuerdo.

Es cobarde.
Estornuda
y siente pena
que la vean feo.
Le da miedo
mostrarse como es.
Miedo de solo pensar
que le pase eso,
que de tanto mostrar
se le olvide sentir.

Se queda sin vida
después de un beso.
Envía flores marchitas.
El esfuerzo la marea,
da vueltas en su cabeza

y siente culpa
de que el amor
haya entrado por su cuenta.
Se arrepiente
de oler prendas
y cuellos.
Es responsable
de todo huracán
con sentimientos
estancados en el pecho.

Busca salida
en el laberinto
al que no decidimos entrar.
Guarda bienvenidas
y despedidas.
Olores y rencores.
Gritos y señas.
Sonrisas
enmascaradas
de tristeza.

Ríe del destino
y trasciende en suspiro.

Ulises Ruiz

BOCA

Miles de canciones
hablan de ella
como si fuera
el premio de amar.

La que da besos,
esos que duelen
porque descubren
labios fríos
con puntos finales
sin serenatas
ni flores.

Extravía las sombras
de un amor
al que ya no le da el sol.

Se quema
cuando canta todo el día,
sus cenizas
quedan disueltas
en el eco de todos los amores
de un viernes por la noche.
Es el barranco
y el precipicio en el antro
donde algunos caen
y falsamente se enamoran,
muriendo en el intento.

Unos labios resecos
buscando asilo,
una ironía
el humedecerse
en el desierto de otros.
Esa impotencia
de entender
en un instante
el amor.

Mastica el fuego
en pedazos
y se tarda en resolver
la pregunta
a sus propios problemas.
La respuesta le flota
en el aire,
quedando congelada
y dividida por centímetros
de responder "te quiero"
o "hasta pronto"

Es la que nos advierte
que no sabe perdonar.
Es la calma
lo que la costumbre
desarma.
Dejando abrazos forzados
y brazos extendidos
como pidiendo limosna,
pero lo único que quiere
es que le den la mano.

Sinónimo de valentía.

Cautelosa,
sin darnos cuenta
contagia bostezos
y sonrisas.
Averiada y empapada
es refugio
de las lágrimas,
se queda a solas
y abraza almohadas.

Se muere de asfixia
en cada mueca
y revive
en cada sonrisa.
Suspira,
prejuicia,
intenta callar
en las alturas
y grita secretos
en las calles.

Traga saliva
viendo matices
de lo que le conviene
y tiene un paladar pequeño
porque solo soporta...
Gente de su mismo tipo.

OÍDOS

Los oídos.
Escuchan lo que quieren,
no lo que es.
Se equilibran
entre la niebla y el rocío.
Se escapan a las montañas
para escuchar el eco
de una ciudad fantasma.

Les da ansiedad
cuando ya no escuchan
las olas que les duermen.
Se estremecen en su cama
cuando piden ayuda
y no los escuchan.

Se preguntan si debajo
de un desierto
existen ríos,
porque les es difícil
pensar en el sol
cuando una gotera
inunda su casa.

Su medicina
son las canciones
y los días grises;
saben que al final
de un día nublado,
habrá una tormenta
y cuando las gotas reboten
y hagan música,
sueñen en grande.

Son el reflejo
de cristales rotos
donde se multiplican estrellas
y mueren planetas.

Son flores que crecen
sobre tumbas,
comprobando
que después del caos
y de la nostalgia
siempre habrá un renacer
que vuelva a ser,
vida.

CEREBRO

El cerebro.
Es antónimo del corazón
y sinónimo del ego.
Más conocido como
"el sabelotodo"

Es la parte más alta
o la más baja
si estamos de cabeza.
Por eso,
en ocasiones
se cree más que los demás
o menos que los demás.

Esquiva el reflejo de la realidad
y se rehúsa al espejo.

No deja que
vayan y le cuenten,
es prueba y error.
Es escéptico.
Duda de todo
y no cree en nada.
Para el la ciencia y la evolución
es lo único.

No necesariamente
la pasa bien,
sufre de trastornos:
Ansiedad y depresión.
Se estanca en el futuro
o en el pasado.
Ignora que la vida transcurre
aquí y ahora.

Se aprovecha
cuando estamos dormidos
y nos prohíbe refugiarnos,
le gusta soñar extravagante.

Es millonario
y muchos lo envidian;
dueño del subconsciente,
del inconsciente
y del consciente.

¿Sus sombras?
Carece de empatía
y es egocéntrico.
Se olvida del amor,
ignora que al no darlo
en automático no lo recibe.
Es descarado,
quema juguetes
y recuerdos
que siempre quisimos.

Voltea a donde no le llaman
y cree que la paz
y la plenitud
se encuentran lejos de él.
Es rígido y duro,

escucha lo que el quiere
y no lo que es.
Forma círculos viciosos
con la rutina
y reaparece con insomnio.

Nunca cuestiona
y dice saberlo todo.
Es perfecto según él,
cuadrado y no se permite
la apertura para conocer
otras mentes.
Es envidioso,
acumula información
para el mismo
y le es difícil compartirla.

Sombras infinitas...
Son represalia a todo eso
que hemos evitado y huido.
Nos avisa a través de ellas
que retoma el control.

¿Su luz?
Nunca duerme,
pero siempre sueña.
No cambia el pasado,
pero sí la historia del futuro.
Es el techo de la casa,
pero ilumina rincones.
Sube escaleras,
pero nunca las baja.
Hace malabares con cuchillos,
pero nunca se corta.
Hierve por dentro,
pero no se quema.
Carece de amor,
pero lo entiende.
Es lluvia,
pero pinta el paisaje de verde.
Es frágil,
pero no se rompe.
Llora,
pero lo disfruta.

Es oportuno.
Todas las mañanas
abre la ventana
y observa el amanecer.

Es productor de cine.
Desarma capítulos
para crear
nuevas historias.
Es artista.
Su fórmula:
Suma de su creatividad
por su imaginación.
Es estratega.
Borra fronteras
y te admira
en lo que nunca pensaste
destacar.

Avanza pese a todo,
es constante

y su inteligencia
la utiliza como herramienta
grandiosa de creación
y auto sustento.

Atención:
Seamos cautelosos,
nos puede salvar o matar.
Es una arma de doble filo.
Nos podemos perder
en nosotros mismos
y ahogarnos
en sus lagunas mentales.
Pero si lo utilizamos para crear,
desarrollarnos
y crecer internamente...
Nos puede llevar
hacia donde queremos
en total plenitud.

COSTILLAS

Costillas,
las hermanas llenas de heridas.
La piel de cocodrilo
que cuida al corazón
de cualquier azote
manteniéndolo intacto.

Las que han bebido
cafés tibios
y sostenido noches frías.
Las escudos
que han detenido infinidad
de flechazos falsos de cupido.

Las que luchan
en un mar de gritos
y se confunden cuando
el corazón late por amor
o cuando tiembla con dolor.

Tienen la manía
de bailar en el escenario
sin coreografía.
Es difícil conversar con ellas,
soportan la desgracia
aunque no venga sola.
Relatan accidentes de amor
y cómo olvidan
las llaves dentro del carro.
Enmarcan el recuerdo
y recuerdan lo que no somos.
Están llenas de grietas,
fracturas
y acantilados.

Salen de copas con el ego
pero no son fieles amigos.
Son gracia,
escriben obras
e historias de pasión
con miedos.
Nunca van solas,
aunque a veces se congelen
acompañando
a unos ojos con destellos.

Son bosque
y protegen su casa del árbol.
Aparecen cuando
la casa entera se agrieta,
cuando el reflejo
de las gotas de lluvia
duelen por dentro.
La construyeron
sus padres en la infancia.
Para que cuando crecieran
y estuvieran grandes;
siempre que ellas cuidaran su casa,
cuidaran a su corazón.

PULMONES

Pulmones,
los que dan vida al vehículo.
Los que se mueven
respirando en el agua
sabiendo que sobrevivirán,
porque llorando
nadie se ha ahogado.

Los que cuentan lágrimas y carcajadas.
Los que se adaptan a cualquier percance,
son los "tierra plana":
Respiran a nivel de nuestro mar
o a nivel de cualquier altura.
Los que sobreviven
respirando las cenizas
de los amores perdidos.

Los que no soportan ver
árboles talados,
son proveedores
de su fuente de vida.
Los que aman el mar,
el oleaje es parecido
a los latidos de su vecino.
Imaginan emociones
y resisten a ilusiones.
Su afabilidad de convertirse
en lluvia de estrellas
iluminando nuestra oscuridad.

Los héroes de la relajación,
los competentes
ante su único enemigo,
el estrés.

Se desvanecen ante el humo,
les alteran los pueblos fantasmas
y les corroe el olor a polvo
y a vejestorio.

Hablan más del invierno,
que de la primavera;
les gusta luchar contra el frío,
aunque casi siempre pierden la contienda.
No obstante,
comprenden más su muerte
y aprecian
más su vida.

Son fieles recordatorios
de que la vida se extinguirá.
Ocultan versos y grafitis
en su interior.
Odian las galletas de la suerte
porque siempre hablan del futuro
y no del presente.
Construyen camino;
pavimentan líneas rectas
y calles lisas.
Pretenden construir historias
sobre recuerdos,
y recuerdos sobre percances.

Se van sonriendo
a pasos agigantados,
gozando el final
aplaudiendo y gritando.

Ocultan misterios oscuros
y cicatrices nocturnas.
Reconocen que existen
los fantasmas,
no se aferran
a traumas de espíritus
que llevamos dentro,
ni mucho menos a los que
no hemos dejado escapar.

No estudiaron arquitectura.
Sus fachadas son moretones,
se ríen de repisas,
pero se ahogan en cajones.

No está entre sus funciones
el sostener recuerdos.

Le temen a extraños
con ladrillos y risas,
porque son un "te quiero"
hablándole a la pared,
amenazando con unos ojos que ven
aunque estén cerrados.

Sus entrañas son inconquistables;
nunca duermen,
rigen los héroes alvéolos.
Intercambian gases:
Toxicidad y vida.
Productos de aferrarse y soltar,
de conocer y olvidar,
de reír y llorar.
Estos héroes
entendieron desde pequeños
que si la Tierra se desgarra
formando montañas,
también ellas se tienen que reconstruir
para crecer
y tocar el cielo.

A algunos les gusta
vestirlos de negro,
no los estiman
y responden con venganza
transformándose
de héroes a villanos,
volviéndose enemigos
y provocando enfermedades.

Son responsables
de conducirnos
hacia la incertidumbre
y la nostalgia.
Su única comunicación
son los suspiros,
no le temen al silencio
ni a los gatos negros.

Son los primeros que notan
que algo no anda bien;
desgaste y defecto.

Engaños propios,
adornos viejos,
caras enmascaradas
o estatuas fingidas.
Recordándonos
que la tortura existe...
Para ponernos de pie.

CORAZÓN

El corazón,
el intacto desde la última vez
que me enamoré.
Le dicen por ahí
"El cicatrices infinitas"

Un músculo perseverante
lleno de fibras
hechas de sentimientos.
El cambiante de procesos
que sistematiza cualquier status.
El que permuta mundos
empatizando con otros.

Desempolvando sentimientos
desde sus ventrículos.

Derrochando sonrisas
en sus válvulas
y afrontando lágrimas
desde sus aurículas.
Es irónico.
No tiene la culpa
de creerse fuerte
y ser tan débil.
Ser ciego y estar solo.
Ser odioso y estar ansioso,
también sinónimos
de ser magia y estar en amor.
Así hasta morir.

Es delirante.
Derrocha sus frascos de pintura
en un solo lienzo.
Perdona el pasado,
pero crea futuros inciertos.
Es el culpable
de todos los enamorados
que rondan el mundo.

El que constantemente
mitiga que no existe
un secreto por descubrir,
ni un viaje con destino.

Es sublime y delicado.
Prefiere la arena,
porque la nieve se derrite.
Prefiere el distancia que el roce.
Prefiere empalagarse
con una persona,
que buscar con muchas
besos cortos sin sentido.
Prefiere las sonrisas,
porque las lágrimas se cristalizan
y reflejan las intenciones de otros.
Prefiere las risas,
que el eco de las mismas.
Prefiere sentir cómo todo se escurre,
que aceptar que todo es efímero.
Prefiere querer en vez de poseer.
Prefiere su dignidad...

Un golpe,
que un abrazo falso
que lo mate de asfixia.

Es firmeza.
Cataloga a todo el mundo
como un reflejo de lo que sueñan.
Lucha por una verdad
entre mil mentiras.
Busca estrellas en el mar
si no encuentra estrellas en el cielo.
Perseverante,
sonríe en tiempos difíciles
aunque nadie más lo hace.
Cuando más pega el viento y el frío
lo afronta tomándose un café,
poniendo música
y disfrutando del atardecer.
Se desataca por estar bien consigo
y qué mejor si goza
de una buena compañía.

Es solidaridad.
Distribuye líquido
hacia cualquier parte,
destapa pozos
para cualquier ganadero
o agricultor con hambre.
Lo hace con sencillez,
con un tapiz de armadura
atestado de costuras
que nuestra mente
no ha podido curar.

Es desconsuelo.
Es una señal
que nos recuerda
que estamos vivos.
Le rendimos tributo
cuando se encuentra
en sala de emergencias
y en noches de insomnio
hacemos todo lo posible
por curarlo para que no expire.

Ha resucitado por todas
las huellas que no guían
ni a un alma,
por todas las orugas
que no han podido
convertirse en mariposas,
por todas las hojas
que han caído
de un mismo árbol en otoño
y por todos los árboles
que han muerto
en el invierno.
A veces no se puede
reconstruir lo destruido,
no se puede perdonar
lo concebido,
porque hasta un punto final
también ha dado todo lo posible
para convertirse en coma
y seguir con vida.

El bosque sin lluvia,
el tornado sin aire
y la Tierra sin cielo no sabe estar.
Así como nosotros sin él
tampoco lo sabemos.
Dependemos de él
aunque a veces lo ignoremos,
nos hace irremplazables
y le hace cortina
al lado oscuro del cerebro.

Nadie se da cuenta
de los corazones que se atreven
a bailar debajo de la lluvia,
esos que desconocen los paraguas.
Pocas veces critican
y cuando lo hacen,
lo hacen para crecer ellos mismos
y aprender en cabeza ajena.
Los locos y únicos
que les da igual enfermarse,
lo único que les importa es disfrutarse.

No se resguardan,
se quedan allá afuera
y observan cómo todos salen de sus casas
cuando la tormenta se ha ido.
Esos que están ahí
para enseñarnos
de cómo se vive la vida:
Disfrutando de la tormenta
y apreciando la calma.

Es sensatez.
Le cansa el esconder defectos
porque es maestro universal
de toda experiencia en vigor,
que no hemos aprendido
durante todo este tiempo.

UN ACTO DE VALENTÍA

En la primaria nos enseñaron a conjugar el pasado, el presente y el futuro, pero no nos enseñaron a vivirlo.

Nos enseñaron a poner puntos finales, pero no a reconstruir historias desde cenizas con un par de perdones. Nos enseñaron a poner comas, pero no a resistir el silencio y seguir con vida. Nos enseñaron a curar heridas de la piel, pero no del corazón.

Nos inculcaron creencias y religiones, nos metieron en cajas y leyes, el evadir errores y a ser perfectos.

Es el miedo a ver lo que no podemos ver, porque es más fácil conjugar el presente que renunciar a cualquier meta volviendo a una base, a una presencia total y a disfrutar los colores de un atardecer.

Flotar en el blanco cuando el azul fuerte cita a la Luna y el naranja despide al sol con un café y una galleta de la suerte.

Nos enseñaron a hacer y no a ser. Qué ironía que valga más ser productivo perdiéndonos del presente, que situarnos en la simpleza de parar y agradecer.

No nos toca el cambiar paradigmas desde dónde venimos, sino el cuestionarlos, redefinirlos en nuestro interior y desde ahí crear algo enorme e increíble.

ETERNOS CÓMPLICES

Ser inmortal
en la memoria de los que te importan.
Encontrar los minerales
para vivir en recuerdos
y hacernos eternos.

Instantes precisos,
seguidos de sonrisas perfectas
que congelan momentos.

Nada es pasado
y el suceso no es recuerdo.
Las miradas se funden
y los ojos expresan
lo que el corazón siente.

Todo comienza y termina
con la misma chispa,
con la que sentimos
y con la que naufragamos
en nuestras mareas
que no hemos sabido explorar.

Revivir en el accidente de limpiar
el viejo sentimiento
sin perder la oportunidad de redefinirlo,
mezclando intensidad y pasión.

Secuestrar islas
y posar en el horizonte,
conocernos y disimular confusión.
Sobrevivir sin manual de instrucciones.
Un golpe en los pulmones
respirando cuando no hay oxígeno
ni cuerpos por llenar vacíos,
cuando no sale el sol
y cuando la Luna
ilumina la silueta.

Libertades y sombras,
cosquillas que sofocan
escenarios y olvidos.
Risas que vagan por el mundo
queriendo ser cómplices
de un crimen perfecto.

La cicatriz de partir desde cero.
Regresar a la realidad
soñando en forma de cielo
y durmiendo sobre nubes.
Es la calma
la que la costumbre desarma.

Son 3 segundos
para soltar
nuestro vaso de agua
en medio del desierto.
Atar la Tierra a los pies
y crecer conquistando mundos
sin portar máscaras.

Rasgarse la ropa
y quedar desnudos,
hacerse operaciones
a corazón abierto
compartiendo cicatrices
y mosaicos,
siendo vulnerables
al mar y al silencio.

Siendo con la eternidad de un momento…

Un gran recuerdo.

Ulises Ruiz

Ulises Ruiz

ULISES RUIZ VALADEZ

Joven mexicano y autor, un estudiante apasionado por los negocios. Nacido en Zacatecas, Zacatecas, México.

A sus 17 años, ha publicado 2 libros. Le gana la ambición por preferir un crecimiento en su persona y así inspirar a otros. Siendo un líder de opinión que cuestiona su realidad.

"Anatomía del sentir" es su segundo libro publicado, trata de inculcar conciencia y amor mediante el conocimiento de las emociones que transmite nuestro vehículo de vida, el cuerpo.

Por otra parte, comparte contenido de valor en sus redes sociales. Si también coincides en ser parte del cambio, lo puedes acompañar en redes sociales como: @_ulisesruizv_

Fotografía por Arnulfo Ruiz, su padre

Fotografía por Juvidel Ruiz

Ulises Ruiz

Made in the USA
Middletown, DE
16 August 2021